Artistes | numéro 3

ÉDOUARD MANET
ET L'ART DE LA PROVOCATION

Le précurseur de l'art moderne

par Thibaut Wauthion

50MINUTES

Avec la collaboration d'Anthony Spiegeler

ÉDOUARD MANET

- **Naissance ?** Né le 23 janvier 1832 à Paris.
- **Mort ?** Décédé le 30 avril 1883 dans la même ville.
- **Contexte ?** La seconde moitié du XIXe siècle, qui voit la naissance de l'art moderne, rompant avec l'art académique promu par le Salon et ses règles strictes étouffant toute créativité.
- **Œuvres majeures ?**
  - *Le Chanteur espagnol* (1860)
  - *La Musique aux Tuileries* (1862)
  - *Le Déjeuner sur l'herbe* (1863)
  - *Olympia* (1863)
  - *Le Balcon* (1869)
  - *Un bar aux Folies-Bergère* (1881-1882)

En France, l'art du XIXe siècle est marqué par l'académisme, qui impose aux artistes la manière dont ils doivent peindre et leur dicte les sujets à représenter. Tous les critères esthétiques se basent sur ces conventions rigides que peu de plasticiens enfreignent de peur de se voir vouer aux gémonies. Cette situation restreint fortement la créativité et l'originalité, toutes deux étouffées. Tout au long de leur carrière, les artistes ne font en effet que reproduire les mêmes modèles pour plaire aux collectionneurs et aux critiques d'art.

Anticonformiste de nature, Édouard Manet dédaigne dès son plus âge les normes de l'époque. Il dessine énormément de caricatures, puis se distingue par des portraits de qualité. Refusant une prometteuse carrière juridique toute tracée par son père, il se lance dans une formation artistique. Très vite, les proches de Manet remarquent son indépendance d'esprit, hautement critiquée en cette période de conformisme artistique. Mais sa carrière semble avortée avant même d'avoir commencé, car tout artiste ambitieux se doit de participer au Salon pour espérer être vu et vendre ses toiles. Or cette exposition officielle sélectionne les participants selon les mêmes critères qui régissent l'art académique. Lorsqu'il y expose ses œuvres, Manet laisse les spectateurs dubitatifs : ils ne comprennent pas l'audace du jeune artiste. Ce dernier poursuit cependant ses expérimentations, qui lui valent peu à peu une reconnaissance indiscutable. Ses toiles, créant le scandale, révolutionnent l'art à la fois par leurs thématiques et par leur style. Avec Manet, la rupture avec l'académisme est amorcée.

CONTEXTE

UN MONDE EN MUTATION

Tout au long du XIXe siècle, la société française connaît de profondes transformations d'ordre politique, socio-économique et culturel initiées par la Révolution de 1789. Le pays passe successivement de l'Empire (1804-1814) de Napoléon Bonaparte (1769-1821) à la restauration de la monarchie par Louis XVIII (1755-1824). À partir de 1815, la France est dirigée par un roi jusqu'en 1848, année où est proclamée la Seconde République.

Ces bouleversements politiques ont une incidence considérable sur le mode de vie des Français. Suite à la Révolution de 1789, la classe bourgeoise est en plein essor, au détriment de la noblesse et du clergé qui perdent énormément d'influence. L'heure est également à la liberté d'expression, visible entre autres dans le foisonnement des caricatures réalisées par les artistes de cette époque. D'autre part, la production artisanale et agraire fait progressivement place à une société commerciale et industrielle sous l'impulsion de la révolution industrielle, qui voit la France se moderniser de plus en plus.

L'ART ACADÉMIQUE

Dans le domaine des arts, la première moitié du XIXe siècle est mar-quée par le succès du romantisme et du néoclassicisme. Ces deux courants sont respectivement représentés par Eugène Delacroix (1798-1863) et Jean-Auguste-Dominique Ingres (1780-1867), et se développent parallèlement à partir de la fin du XVIIIe siècle. Le monde artistique français est régi à cette période par l'Académie, une institution de l'État qui forme les artistes et décide du style qu'ils doivent adopter. L'art académique met en avant la composition par le dessin – et non les couleurs –, la perspective et l'idéalisation des sujets. Il choisit également les thèmes à aborder, à savoir l'histoire, la mythologie et l'orientalisme. La créativité et l'inspiration des artistes sont réprimées par cette rigidité artistique.

LE NÉOCLASSICISME

Le néoclassicisme est un mouvement culturel et artistique dont les thèmes sont issus de l'Antiquité ainsi que de la mythologie gréco-romaine. Prônant une beauté idéale, les artistes se revendiquant de ce courant s'inspirent de la sculpture antique, et se basent sur la symétrie et le dessin. S'opposant à cet engouement pour l'équilibre, la rigueur et la rationalité, le romantisme fait l'éloge du désordre, de la passion et de l'irrationalité, puisant son inspiration dans le Moyen Âge. Les lignes droites et symétriques du néoclassicisme laissent alors place à la tension des courbes et à l'enchevêtrement des motifs.

Le Salon, une exposition officielle généralement organisée tous les deux ans, devient le passage obligé pour tout artiste désirant un jour être reconnu et vendu. En effet, avant la Révolution française, les peintres vivent du mécénat de la noblesse ou du clergé, qui leur passent de larges commandes. Mais, après 1789, avec l'avènement de la bourgeoisie, la consommation artistique devient principalement l'apanage de riches collectionneurs qui achètent les œuvres d'art selon des critères de prestige. L'artiste qui veut vivre de son art doit se donc de participer au Salon, soit pour remporter un prix officiel, soit pour obtenir la reconnaissance des critiques d'art.

L'INDÉPENDANCE DES ARTISTES

À partir de 1848, pendant la Seconde République, les avancées techniques investissent le monde artistique. Les artistes entendent être les témoins de leur temps et capter les nombreux changements.

Ils délaissent alors peu à peu les sujets fictionnels promus par l'aca-démisme. À cet égard, la photographie influence considérablement les plasticiens, qui tentent de rivaliser avec ce nouvel appareil. L'image joue un rôle prédominant ; elle est diffusée par la presse, qui s'adresse au public le plus large possible. L'actualité de masse véhicule également les articles conservateurs de nombreux critiques d'art tout comme, bientôt, les frasques de quelques artistes. À noter, l'apparition du féminisme : la femme peut maintenant aspirer à un travail rémunéré et s'émancipe progressivement de l'autorité masculine. Enfin, grâce à l'industrialisation de la société, la population dispose de plus de temps libre et aspire à davantage de loisirs.

Malgré les réticences de l'Académie, l'art évolue. De plus en plus d'artistes sont refusés au Salon, tant à cause du nombre croissant de plasticiens que des critères conservateurs du jury. Cette rupture est notamment illustrée par le réalisme de Gustave Courbet (1819-1877) qui entend « être à même de traduire les mœurs, les idées, l'aspect de [s]on époque selon [s]on appréciation [...] en un mot, faire de l'art vivant » (YON (Jean-Claude), *Histoire culturelle de la France au XIXe siècle*, Paris, Armand Colin, 2010, p. 139). Provocatrices, ses œuvres ne tardent pas à faire scandale. Suite à son exclusion du Salon et des événements officiels, Gustave Courbet est l'un des premiers artistes à créer une alternative en organisant ses propres expositions.

LE RÉALISME

Le réalisme, initié par Gustave Courbet, exige la représentation la plus fidèle possible de la vie ordinaire sans l'idéaliser. En représentant des sujets ruraux de manière extrêmement réaliste, l'artiste montre la dureté de la vie et investit l'art d'un nouveau rôle. Lors de sa présentation au Salon de 1850, *Un enterrement à Ornans* suscite une violente polémique en raison de la banalité de son thème – un enterrement dans une ville de province.

L'anticonformisme de Courbet discrédite l'académisme et influence toute une génération de nouveaux artistes qui lui emboîtent le pas, tels qu'Édouard Manet et, plus tard, les impressionnistes. Ces derniers développent un nouveau système d'appréciation de l'art, indépendant du Salon, en organisant leurs propres expositions en marge des événements officiels. Tout comme leur aîné et modèle, Édouard Manet, ils prônent une liberté de pensée et de création allant complètement à contre-courant des normes académiques en vigueur. À partir de la seconde moitié du XIXe siècle, progressivement, les artistes ont davantage d'intérêt à se faire connaître des marchands, des acheteurs, des cercles de critiques et des cafés que de chercher à être exposés au Salon. Les critères de goût et de beauté échappent ainsi, désormais, à la machine académique.

L'IMPRESSIONNISME

L'impressionnisme est un mouvement artistique qui se développe à la fin du XIXe siècle. Il se caractérise par l'éclaircissement de la palette de couleurs, par l'absence de dessin au profit de petites taches de peinture, par des angles de vue inhabituels et par une volonté de représenter des moments fugitifs perçus à travers l'émotion et la subjectivité du peintre. Le paysage constitue le thème majeur de l'impressionnisme.

BIOGRAPHIE

UNE ENFANCE DISSIPÉE

Édouard Manet naît le 23 janvier 1832 à Paris dans une famille bourgeoise. Son père, Auguste Manet (1796-1862), occupe un poste de haut fonctionnaire au sein du ministère de la Justice et sa mère, Eugénie Désirée Fournier (1810-1885), est la fille d'un riche diplomate. Frère aîné d'Eugène et de Gustave, le futur peintre est voué, dès son plus âge, à une carrière juridique. Cependant, il se détourne rapidement de ce destin tout tracé, ainsi que de l'éducation conventionnelle prodiguée par son père.

Mauvais élève et dissipé, Édouard Manet préfère s'adonner aux caricatures, une activité critiquée par son père, mais encouragée par son oncle, Edmond Fournier, qui lui offre des cours de dessin et l'emmène régulièrement au musée. Après le refus du jeune Manet d'entamer des études de droit, ses parents l'obligent à embrasser une carrière militaire dans la marine. Il échoue toutefois au concours d'admission de l'École navale et embarque en 1848 comme pilotin pour une traversée en mer qui le mène jusqu'au Brésil. Paradoxalement, cette expérience le conforte dans sa vocation artistique : il dessine les portraits de ses compagnons et se voit réclamer de nombreux cours. À son retour, Auguste Manet se rend à l'évidence et accepte le choix de son fils, l'autorisant à suivre une carrière artistique à condition qu'il acquière un bagage technique digne de ce nom.

Dès 1849, Manet préfère l'atelier de Thomas Couture (1815-1879), un artiste aux tendances progressistes et modernes, à l'École des beaux-arts. La relation entre l'élève et son maître est marquée par de nombreux conflits causés par l'indépendance d'esprit de Manet, qui quitte l'atelier en 1856. À cette époque, la scène artistique parisienne est ébranlée par les scandales de Gustave Courbet, que le jeune peintre ne manque pas d'étudier.

Au cours des années 1850, Édouard Manet voyage en Europe et découvre de nombreux artistes célèbres, surtout hollandais et espagnols. Ces expériences enrichissantes, il les doit à sa condition de rentier héritée de ses parents. À l'abri du besoin et financièrement indépendant, il dispose également de nombreuses relations, ce qui lui profite largement. Manet a tout le loisir de se créer une réputation d'original à l'image de ce qu'est un artiste pour lui, à savoir : « Un être singulier, résolument individualiste et digne de la considération du public. » (RUBIN (James), *Manet*, Paris, Flammarion, 2011, p. 18)

PREMIERS SCANDALES

Installé dans son propre atelier depuis trois ans, le jeune peintre soumet sa première toile au Salon en 1859 : *Le Buveur d'absinthe*. Sa demande est rejetée en raison du sujet de l'œuvre, trivial et provoquant – il s'agit d'un Parisien posant saoul à côté de son verre d'absinthe – ainsi que pour le manque de technique dont fait encore preuve Manet à cette époque.

Les nombreuses rencontres de l'artiste lui valent de précieux conseils et marques de soutien dont Manet saura tirer profit pour lancer sa carrière : il fait notamment la connaissance d'Eugène Delacroix, de Charles Baudelaire (1821-1867) et d'Edgar Degas (1834-1917). Il fréquente par ailleurs les lieux mondains parisiens et se fait progressivement un nom, notamment au jardin des Tuileries, haut lieu de divertissement.

En 1863, le peintre s'impose en tant que figure majeure du modernisme grâce à une œuvre devenue célèbre : *Le Déjeuner sur l'herbe*. Refusé au Salon en raison de son caractère pornographique, le tableau suscite une virulente polémique, et Manet est exclu du système. Il l'exposera finalement au Salon des refusés.

LE SALON DES REFUSÉS

Face au nombre croissant d'artistes refusés au Salon (2 217 sur 5 000 œuvres proposées en 1863), Napoléon III (1808-1873) décide en 1863 d'organiser le Salon des refusés, une initiative largement critiquée par l'Académie et par les artistes officiels. L'exposition connaît plus de succès que le Salon et rassemble une série d'artistes qui marqueront l'histoire de l'art, consacrant la rupture entre académisme et modernité.

Cette époque de succès artistique coïncide avec un important tournant familial. En effet, le peintre officialise une relation qui dure depuis 1850 en épousant Suzanne Leenhoff (1830-1906), une domestique de la maison Manet, modèle de nombreuses toiles de l'artiste. Cette situation délicate dans le monde bourgeois parisien est d'autant plus compromettante qu'il existe un enfant illégitime, Léon Leenhoff (1852-1927).

Au Salon de 1865, Manet fait à nouveau scandale avec *Olympia*. Acceptée *in extremis* par le jury, cette œuvre provoque un tollé. Son admission s'inscrit dans le contexte de l'après 1863 : suite aux nombreuses plaintes des artistes de la précédente édition du Salon, le jury fait un geste en acceptant l'œuvre de Manet. *Olympia* connaît cependant une forte contestation en raison de l'érotisme apparent de son sujet – et du fait que le prénom « Olympia » soit utilisé, à l'époque, par les prostituées. En 1867, année de l'Exposition universelle à Paris, Manet organise donc sa propre exposition rétrospective en marge des événements officiels dans un pavillon qui lui est réservé, mais celle-ci ne rencontre pas le succès escompté.

LE GROUPE DES BATIGNOLLES

À partir de la fin des années 1860, Édouard Manet rassemble de nombreux écrivains et peintres, dont Claude Monet (1840-1926) et Pierre-Auguste Renoir (1841-1919), dans le quartier des Batignolles, d'où ce groupe tire son nom. Se retrouvant régulièrement dans les cafés ou dans l'atelier de Manet, la plupart de ces artistes seront à l'origine du mouvement impressionniste.

Manet atteint sa maturité artistique dans les années 1870. Il enchaîne les œuvres aux diverses thématiques et enseigne la peinture. Peu à peu, la syphilis, contractée bien des années auparavant, rattrape l'artiste et l'affaiblit considérablement. Édouard Manet décède finalement à Paris en 1883 des suites de la maladie.

CARACTÉRISTIQUES

DES THÉMATIQUES MODERNES

Édouard Manet est considéré comme l'initiateur de l'art moderne, à la fois parce que son approche thématique rompt complètement avec celle de ses contemporains et parce que sa production artistique est le reflet fidèle de son temps.

La nature anticonformiste de l'artiste influence toute son œuvre. De par son éducation, il connaît les attentes conservatrices du monde académique, mais n'y adhère pas, et ce dès le début de sa formation. Le jeune peintre brise en effet les conventions en vigueur en refusant de représenter les habituels sujets historiques ou mythologiques pour s'intéresser à la réalité de son temps : « Je fais ce que je vois et non ce qu'il plaît aux autres de voir ; je fais ce qui est et non ce qui n'est pas. » (PROUST (Antonin), *Édouard Manet*, souvenirs, Paris, L'Échoppe, 1996, p. 18) Il s'inspire de la modernité et de la liberté de Gustave Courbet tout en évitant ses sujets ruraux et ouvriers. Manet se concentre sur la vie ordinaire, plus particulièrement sur celle de la bourgeoisie, et sur son univers proche : Paris, avec ses animations, ses cafés, ses rues, ses fêtes et, surtout, ses femmes. La représentation de la gent féminine revient inlassablement dans ses œuvres qui tentent de la magnifier et de l'émanciper. Ces choix thématiques provoquent l'incompréhension de la plupart de ses contemporains, tandis que le monde de l'art perçoit cette rupture avec les conventions académiques comme de la provocation.

Toutefois, sujets plus marginaux dans la production de Manet, on retrouve également, à côté des thèmes bourgeois, des thèmes religieux peints de façon très réaliste et non idéalisée. Lors de ses nombreux séjours à Boulogne-sur-Mer, l'artiste représente également la mer. Par ailleurs, il peint aussi certains faits historiques, mais uniquement lorsqu'il s'intéresse à l'événement en question, soit pour l'immortaliser, soit pour le dénoncer. Enfin, les natures mortes sont tantôt des décorations dans de plus vastes tableaux, tantôt des sujets à part entière.

UN STYLE SPONTANÉ

Les tableaux de Manet dérangent non seulement par leurs thématiques, mais également par leur style. Les critiques d'art voient dans la spontanéité du peintre une certaine maladresse. En réalité, la fidélité et le réalisme disparaissent pour laisser davantage de place à l'émotion et au ressenti de l'artiste.

Manet s'écarte de l'objectivité et de la maîtrise technique de la peinture académique, en délaissant certaines règles de perspective, de composition et d'anatomie : l'avant-plan de ses œuvres n'est bien souvent qu'une superposition collée sur un fond, les corps des personnages sont parfois mal proportionnés et les couleurs contrastent fortement entre elles. En effet, sa recherche de la subjectivité le conduit à se focaliser davantage sur la couleur que sur le dessin. Le peintre utilise généralement peu de couleurs qu'il étale, dans un premier temps, en de larges aplats contrastants. Ensuite, progressivement, il applique la couleur à l'aide de petits coups de pinceaux, comme le feront les impressionnistes.

L'INFLUENCE ÉTRANGÈRE

Dès 1863, deux ans avant sa découverte de l'Espagne, Manet peint plusieurs tableaux influencés par la culture populaire de ce pays, représentant par exemple des toreros dans leur costume d'apparat ou des combats de taureau. Pour traiter ces thèmes, l'artiste s'inspire largement de certaines œuvres de Diego de Silva Vélasquez (1599-1660) et de Francisco de Goya (1746-1828), qu'il admire. Les travaux de ces deux maîtres espagnols lui servent de documentation et de base visuelle dans la conception de ses toiles d'inspiration hispanique.

Aussi Manet est-il particulièrement sensible, comme bon nombre de ses contemporains, au japonisme, c'est-à-dire à l'influence de l'art japonais, en vogue en Occident dans la seconde moitié du XIXe siècle. Par ses compositions et ses choix de construction, le japonisme transparaît dans plusieurs de ses réalisations, notamment dans *Le Chemin de fer* (1873) et *En bateau* (1874) : Manet utilise un point de vue fortement rapproché des sujets représentés et un cadrage particulier qui coupe certains éléments et les projette hors du champ de vision. Des lignes diagonales traversent également la toile d'un bout à l'autre. Par ailleurs, le japonisme est évident lorsque Manet insère directement des représentations d'estampes japonaises dans ses tableaux, ainsi que des objets typiquement nippons, comme c'est le cas dans le *Portrait d'Émile Zola* (1868).

LE CHANTEUR ESPAGNOL

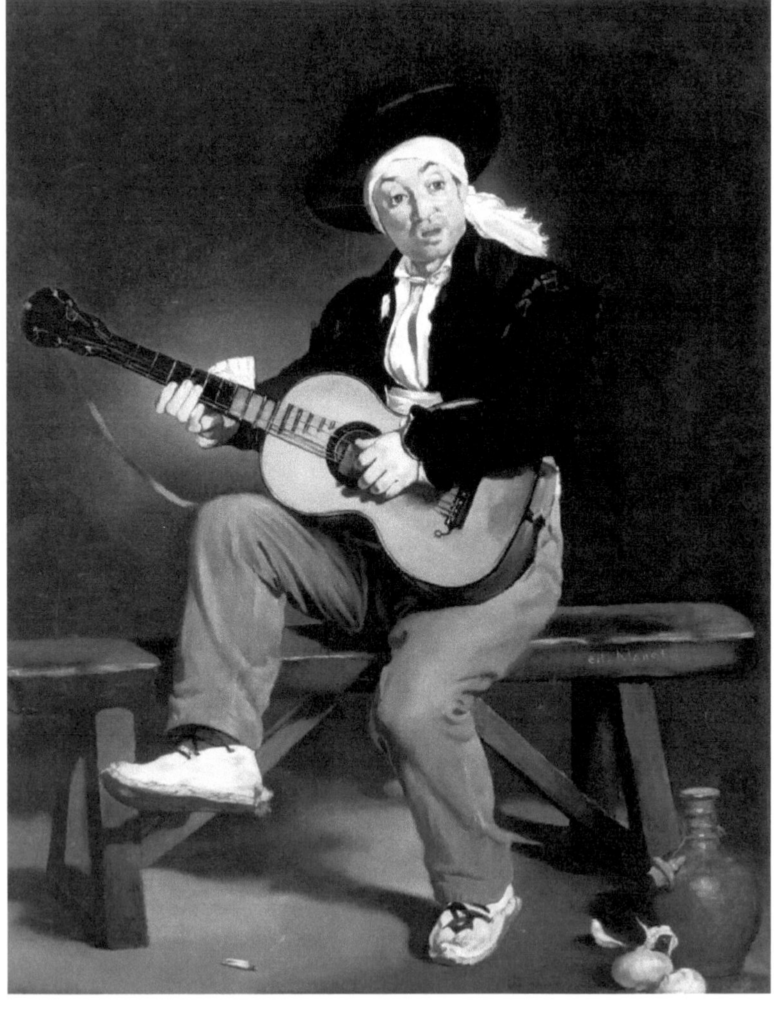

Le Chanteur espagnol, 1860, huile sur toile, 147,3 x 114,3 cm, New York, Metropolitan Museum of Art.

La musique occupe une place de choix dans la vie d'Édouard Manet, qui ne manque pas d'en faire l'un des thèmes de prédilection de ses peintures. En 1860, il réalise *Le Chanteur espagnol*. Cette œuvre lui permet d'accéder pour la première fois au Salon l'année suivante. Vantée par de nombreux observateurs, elle obtient la mention « honorable ».

Le tableau représente un musicien des rues au pantalon râpé et aux chaussures usées, presque trouées. Sa veste noire et sa chemise claire paraissent toutefois élégantes. Le personnage, aux traits méditerranéens, joue de la guitare sur un banc et semble chanter. Son physique est l'objet d'une attention toute particulière de la part du peintre. Haussant les sourcils, regardant vers l'extérieur du tableau et ouvrant la bouche, le chanteur laisse apparaître un visage mélancolique ; sans doute est-il en train d'interpréter une mélodie triste. Cet abattement est accentué par la réduction de la palette chromatique aux couleurs grises, noires et blanches. Seul le rouge de la sangle de la guitare et du vase posé par terre dénote. Par ailleurs, certains détails font montre de l'habileté de l'artiste comme que la petite nature morte en bas à gauche du tableau, ainsi que sa signature, qui donne l'illusion d'être gravée sur le banc en bois.

Avec cette œuvre, Manet peint la solitude des gens dans le besoin.

LA MUSIQUE AUX TUILERIES

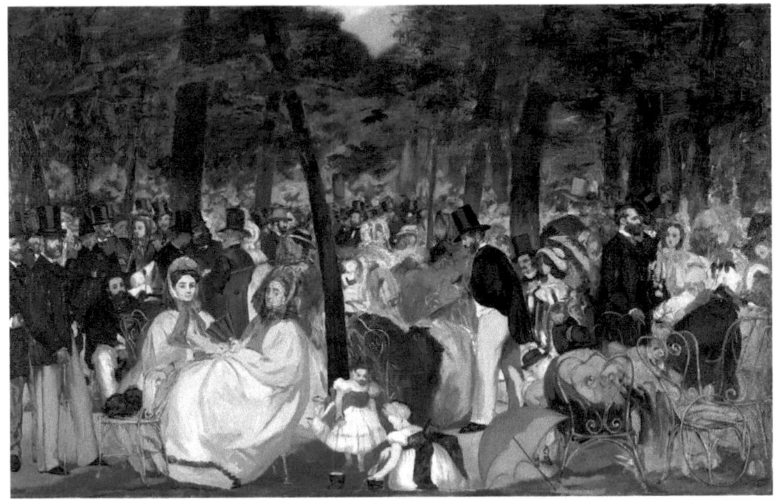

La Musique aux Tuileries, 1862, huile sur toile, 76 x 118 cm, Londres, National Gallery.

Évoquant à maintes reprises dans ses œuvres les divertissements de l'époque, Manet aborde l'un de ses thèmes privilégiés avec *La Musique aux Tuileries*, sans toutefois y montrer de musiciens. À ces derniers, il préfère une foule de bourgeois se délectant de la musique dans le jardin des Tuileries. Cette thématique tout à fait novatrice pour l'époque justifie le qualificatif de « peintre moderniste » donné à Manet, qui propose là un très beau témoignage de la vie mondaine de l'époque.

Les nombreux personnages peints dans ce tableau sont pour la plupart connus de l'artiste : peintres, musiciens, poètes, membres de la famille et amis. Toutefois, la toile est avant tout un autoportrait, son auteur s'étant représenté à l'extrême gauche, à demi coupé par le cadre. Il se représente également dans d'autres œuvres comme *La Pêche* (1861) ou *Bal masqué à l'opéra* (1873-1874).

Pour représenter ces personnes, Édouard Manet utilise peut-être des photographies de Nadar (1820-1910), qui immortalise nombre d'artistes et de gens de lettres à cette période. Sans doute réalisé en atelier, ce tableau n'annonce pas moins le style des impressionnistes avec les feuillages exécutés en petites taches de couleur. Aussi de forts contrastes sont-ils visibles dans les vêtements des personnages.

LE DÉJEUNER SUR L'HERBE

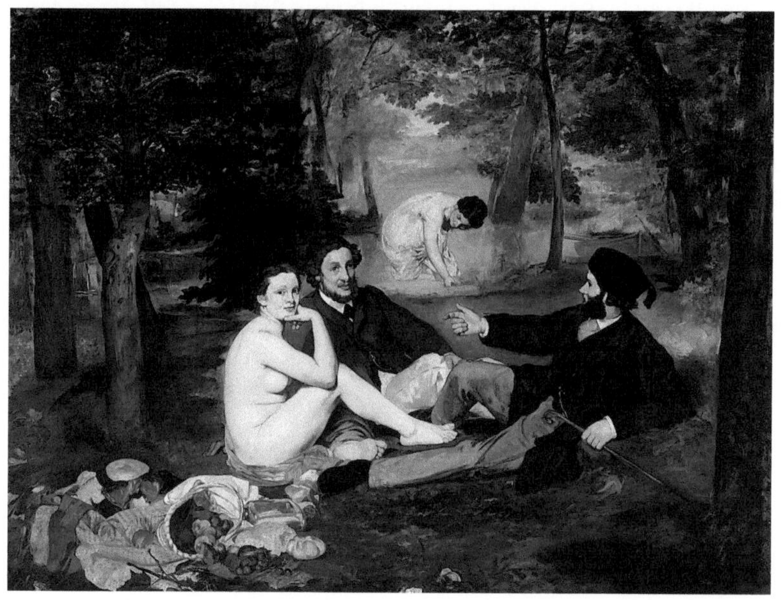

Le Déjeuner sur l'herbe (initialement Le Bain), 1863, huile sur toile, 207 x 265 cm, Paris, musée d'Orsay.

Œuvre emblématique d'Édouard Manet, Le Déjeuner sur l'herbe vaut à son auteur une renommée considérable. Rejeté au Salon officiel, le tableau devient l'attraction du Salon des refusés et provoque un immense scandale dans le monde artistique par sa remise en question de l'art traditionnel. Toutefois, si elle est fortement décriée, cette œuvre marque le début de l'art moderne en raison de sa thématique contemporaine.

Peinte en 1863, la toile représente un trio allongé en plaine campagne et qui semble partager un pique-nique. Deux hommes, habillés à la mode bourgeoise bohème en vigueur dans l'entourage de Manet, entourent une jeune femme dénudée assise à côté de sa robe. Derrière eux se trouve une deuxième femme, légèrement vêtue, qui se baigne dans un cours d'eau. Pour la femme nue, le peintre a fait appel à un modèle professionnel, Victorine Meurent (1844-1927). Le personnage à côté d'elle représente le beau-frère de l'artiste, Ferdinand Leenhoff, tandis que l'homme à droite est un de ses deux frères, Eugène Manet. Pour la création de cette scène, Manet s'inspire d'une baignade de femmes à Argenteuil dont il a été témoin et d'autres œuvres comme *Le Concert champêtre* du Titien (vers 1488-1576).

Cette œuvre est provocatrice à plus d'un titre, tout d'abord en raison de la scène représentée : deux hommes bien habillés côtoyant une jeune femme nue prise par plus d'un contemporain du peintre pour une prostituée. Celle-ci ne présente, en outre, ni harmonie ni idéalisation. Cette relation entre des bourgeois et une prostituée choque énormément et semble directement critiquer un pan de la population parisienne aux mœurs débridées. Ensuite, *Le Déjeuner sur l'herbe* est ancré dans son époque. Initialement nommée *Le Bain*, l'œuvre illustre un changement social récent, à savoir l'avènement des loisirs. Dorénavant, les hommes et les femmes se baignent ensemble dans la campagne, mais la nudité n'est pas pour autant acceptée. Aussi Manet brave-t-il une interdiction. Enfin, si la thématique du bain est l'objet d'une longue tradition dans l'histoire de l'art, cette scène n'est en rien allégorique ou symbolique, et elle ne fait référence à aucune fiction connue. Il est donc impossible de l'intellectualiser, ce qui rend l'œuvre particulièrement insolente pour un public habitué à interpréter les tableaux. De plus, le lien entre la peinture et la réalité est renforcé par le regard franc de la jeune femme tournée vers le spectateur.

Sur le plan technique, *Le Déjeuner sur l'herbe* présente quelques failles qui ne sont pas passées inaperçues à l'époque : la perspective n'est pas respectée, la femme à l'arrière-plan est anormalement grande par rapport au décor et aux autres personnages, les pantalons des hommes se constituent d'étranges hachures propres à certaines techniques de gravure. En réalité, seule la nature morte à l'avant-gauche du plan met tous les contemporains de Manet d'accord sur la qualité artistiquexde la composition.

Enfin, il convient également de souligner que la nature, présente pour elle-même et non en tant que référence mythologique, préfigure le sujet de prédilection des impressionnistes.

OLYMPIA

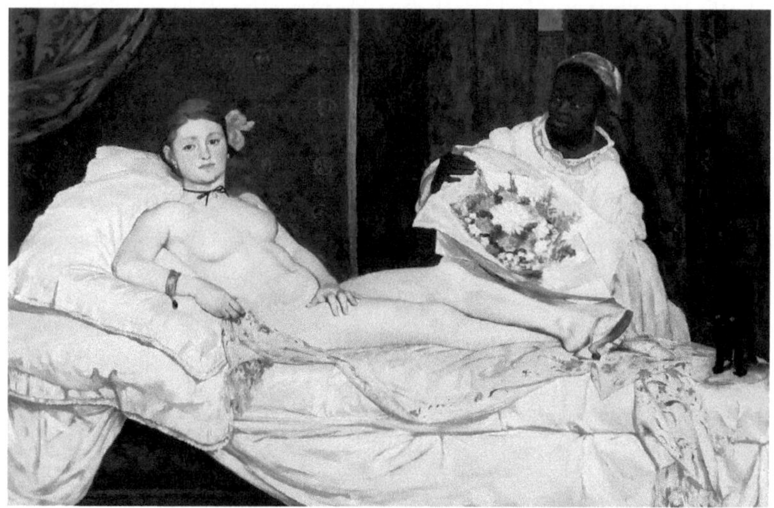

Olympia, 1863, huile sur toile, 130, 5 x 191 cm, Paris, musée d'Orsay.

Deux années après le scandale du *Déjeuner sur l'herbe*, Manet choque à nouveau le public avec *Olympia*. Ce tableau est réalisé en 1863, mais le peintre ne l'expose qu'en 1865. Le jury l'accepte de justesse au Salon.

Avec cette œuvre, Manet aborde une nouvelle fois le nu, mais il pousse l'insolence à son paroxysme. Pour la réalisation de la toile, il demande à Victorine Meurent de poser et la peint couchée sur un lit avec pour seul vêtement quelques bijoux et une paire de mules. Derrière la jeune femme se trouve une servante africaine qui apporte un bouquet de fleurs et, au pied du lit, un chat noir à la queue levée fixe le spectateur.

Présentée parmi de nombreux tableaux académiques, *Olympia* provoque une polémique plus vive encore qu'en 1863, et l'artiste essuie d'innombrables critiques, tant sur la facture générale de l'œuvre que sur son style et, naturellement, sa thématique. La peinture dérange énormément le spectateur, qui se voit transformé en voyeur, voire même en client d'une prostituée. Le lien avec la prostitution est rapidement fait en raison de la nudité du personnage principal et de la présence de la servante, qui apporte un cadeau provenant sans doute d'un admirateur. En outre, la femme nue est tournée de trois-quarts et regarde le spectateur, tout comme dans *Le Déjeuner sur l'herbe*. À nouveau, Manet crée ainsi un lien direct entre la peinture et la réalité.

Outre ces aspects, l'artiste dénature un genre pratiqué depuis des décennies dans l'art : le nu. Le prétexte mythologique justifiait jusque-là la représentation de femmes dénudées, mais *Olympia* ne présente aucun caractère divin ou mythologique. Au contraire, l'œuvre fait référence à une réalité triviale : la prostitution.

Il existe de nombreux parallèles entre ce tableau et l'histoire de l'art. Manet revisite notamment *La Vénus d'Urbino* (1535) de Titien. Mais si ce tableau montre une courtisane déifiée et soumise, *Olympia* représente une femme froide et dominatrice. Le chien qu'on trouve dans la toile de Titien, symbolisant la fidélité, est ici remplacé par un chat, emblème de la liberté de la femme. Par ailleurs, le peintre s'inspire également des nombreux nus de Jean Auguste Dominique Ingres (1780-1867).

Le tableau de Manet puise aussi dans la littérature, notamment dans le roman *La Dame aux camélias* (1848) d'Alexandre Dumas fils (1824-1895) qui relate l'histoire d'amour entre un jeune bourgeois et une courtisane. La jeune femme d'*Olympia* porte en effet un camélia dans les cheveux. Cette image de femme moderne s'inspire également de certaines figures féminines évoquées par Charles Baudelaire.

LE FIFRE

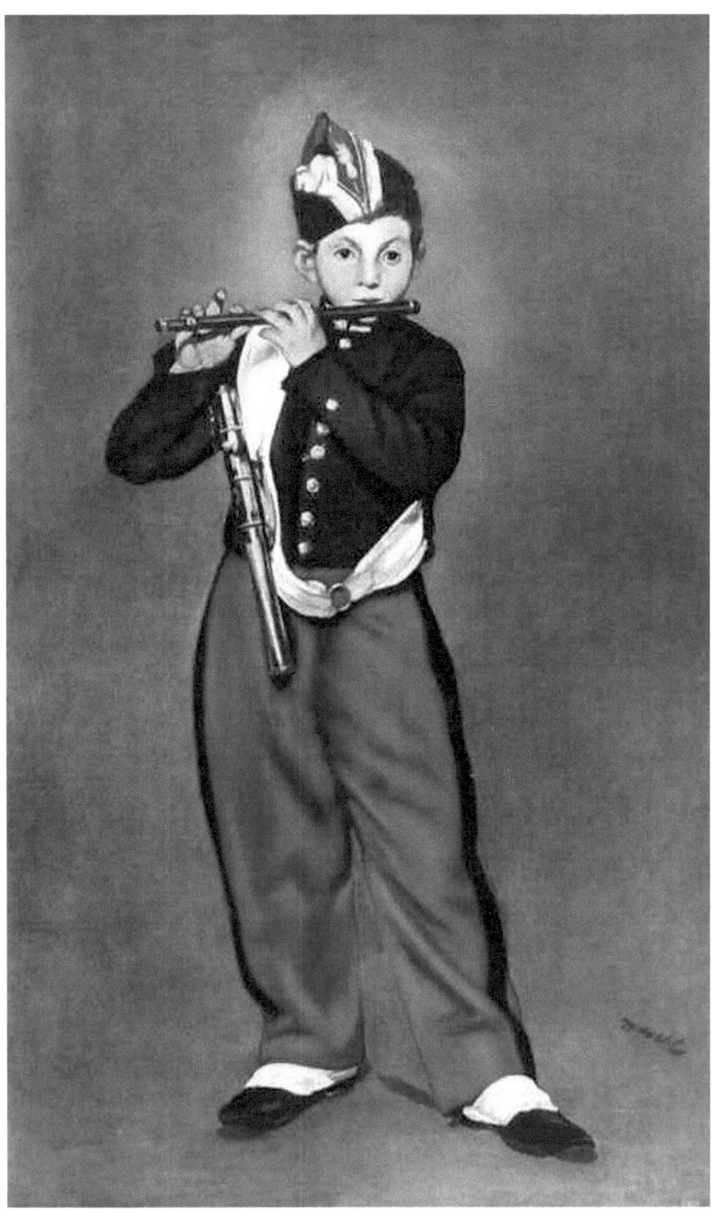

Le Fifre, 1866, huile sur toile, 161 x 97 cm, Paris, musée d'Orsay.

Refusé au Salon de 1866, *Le Fifre* témoigne de l'influence de Diego de Silva Vélasquez sur Édouard Manet. Ce dernier s'inspire directement des portraits du peintre espagnol pour représenter cet enfant jouant de la musique devant un fond nébuleux et totalement dépouillé. La posture du garçon rappelle également directement certaines compositions de Vélasquez, notamment le *Portrait de l'infant Don Carlos* (1626-1628) et *Pablo de Valladolid* (1632-1637), tout comme les couleurs peu nombreuses et très contrastantes. De larges aplats constituent les vêtements au modelé fort peu développé.

Émile Zola prend la défense de Manet et de sa toile dans un article paru dans la *Revue du XXe siècle* qui tente de démontrer le caractère moderne du *Fifre*. L'article est ensuite publié sous la forme d'une brochure. Pour remercier l'écrivain, Manet lui propose de faire son portrait – sur lequel on remarque, sur la table de travail de l'écrivain, la brochure en question, munie d'une couverture bleue.

UN BAR AUX FOLIES-BERGÈRE

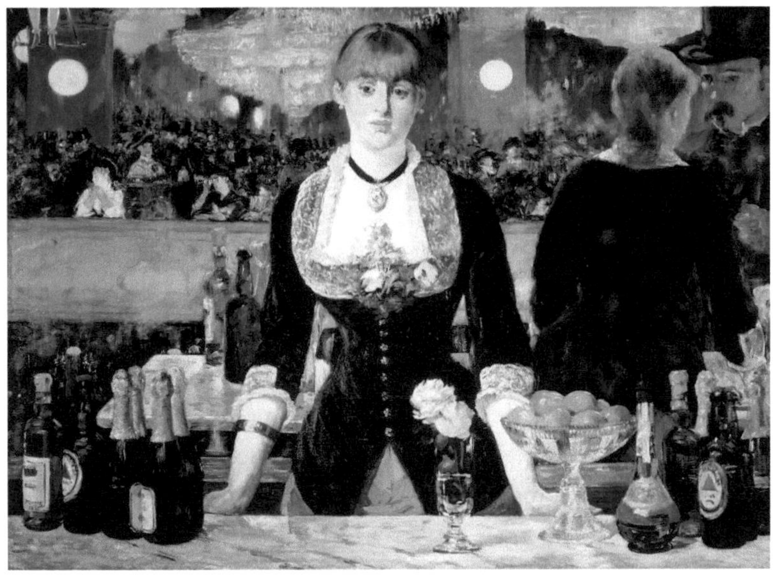

Un bar aux Folies-Bergère, 1881-1882, huile sur toile, 96 x 130 cm, Londres, The Courtauld Institute of Art.

Le café tenant une place privilégiée dans le quotidien des artistes de l'époque, Édouard Manet aborde plusieurs fois ce thème dans son œuvre. Lui et ses compagnons se rassemblent en effet régulièrement dans les cafés, brasseries et cafés-concerts afin de discuter et de mettre en commun leurs expérimentations artistiques.

Un bar aux Folies-Bergère montre toute l'effervescence qui règne dans ce genre d'établissements. Dans le fond de la toile, un miroir reflète la foule de clients venus profiter de l'endroit. Mais, contrairement à la plupart de ses autres tableaux sur ce sujet, Manet se concentre davantage sur la serveuse du bar. À l'avant-plan, les bouteilles et les vases mettent en évidence la jeune femme, qui forme le sommet d'une composition pyramidale. L'élément le plus troublant de l'œuvre se situe au dos de la serveuse, avec le reflet de celle-ci et d'un client dans le miroir. L'image renvoyée par ce dernier ne semble pas correspondre à la réalité de la scène en raison de la posture de la femme et surtout de sa proximité avec le client. Celui-ci devrait se trouver à l'avant-plan du tableau et cacher toute une partie du bar et de la serveuse.

Extrêmement affaibli par la syphilis, Manet réalise *Un bar aux Folies-Bergère* dans son atelier, reconstituant ce lieu de mémoire. Dans ces conditions, il est difficile de savoir si l'artiste crée intentionnellement ce trouble ou s'il s'agit d'une erreur. L'ambiance particulière qu'il arrive toutefois à recréer rend cette œuvre très réussie.

ÉDOUARD MANET, UNE SOURCE D'INSPIRATION

PLACE À L'IMPRESSIONNISME

Outre ses thématiques originales, Édouard Manet se livre à des expérimentations stylistiques qui sont, par la suite, reprises et systématisées par le mouvement impressionniste. Le groupe des Batignolles radicalise l'anticonformisme du peintre en privilégiant la couleur au détriment du dessin et de la composition. Au début des années 1870, Pierre-Auguste Renoir et Claude Monet peignent en effectuant de petits coups de pinceau sur la toile, ce qui forme de fines taches. Le *Bal au Moulin de la Galette* (1876) de Renoir illustre particulièrement bien cette nouvelle technique. Par ailleurs, la filiation de cette œuvre avec Manet est rendue évidente par son thème mondain.

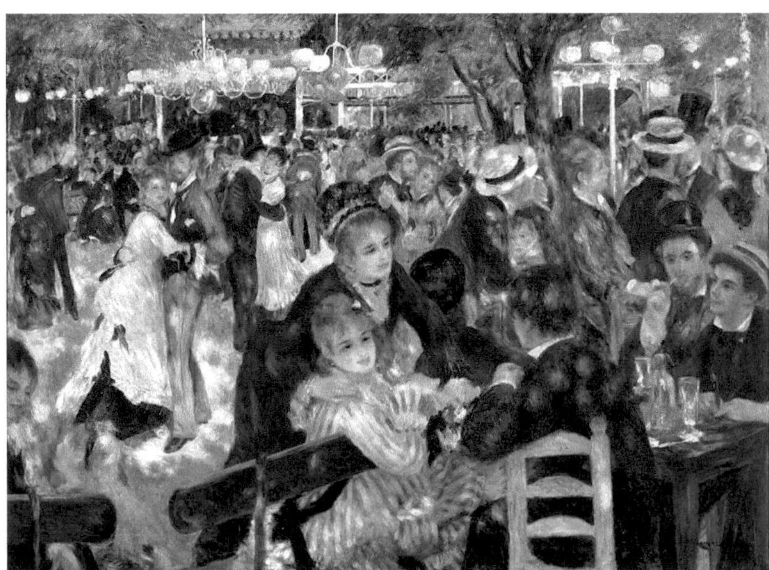

RENOIR (Auguste), *Bal au Moulin de la Galette*, 1876, huile sur toile, 131 x 175 cm, Paris, musée d'Orsay.

Mais il ne s'agit nullement d'un cas isolé. En effet, de manière générale, à la suite de Manet, les sujets rompent avec l'académisme en favorisant les paysages, la vie citadine et le quotidien de la femme. Ainsi, dans *Le Tub* (1886), Edgar Degas représente une femme occupée à faire sa toilette ou encore, dans *Monsieur Boileau au café* (1893), Henri de Toulouse-Lautrec peint un bourgeois attablé dans un café du quartier de Montmartre.

Le terme « impressionnisme » voit le jour lorsque le journaliste et critique d'art Louis Leroy (1812-1885) écrit un article sarcastique qualifiant la toile de Claude Monet, *Impression soleil levant* (1872), de simples impressions à l'opposé d'un tableau réaliste. L'œuvre est montrée dans une exposition indépendante organisée par le groupe des impressionnistes, ces derniers s'inspirant des initiatives de Manet à créer ses propres événements marginaux. Les scandales de ce dernier ont prouvé que le Salon n'est désormais plus incontournable. Par ailleurs, Manet transmet ses connaissances à ses élèves, dont Berthe Morisot (1841-1895) et Eva Gonzales (1849-1883).

L'ART MODERNE

Au-delà de l'influence directe exercée par Édouard Manet sur les impressionnistes, son œuvre laisse un héritage artistique important pour les générations suivantes qui, d'une manière ou d'une autre, s'imprègnent de la liberté d'expression de l'artiste.

Un processus de « révolution artistique » débute avec l'œuvre d'Édouard Manet. La rupture qu'il opère avec l'académisme inaugure une constante remise en question de l'art. En effet, à partir de cette époque, chaque nouvelle génération d'artistes entend réinventer l'art en réaction aux mouvements artistiques précédents, évitant la stagnation propre à l'académisme. Cette évolution perpétuelle atteint son paroxysme avec l'art d'avant-garde, qui amène les artistes à nier toute tradition ou création antérieure. La production avant-gardiste, par définition en avance sur son temps, reste incomprise par ses contemporains. Cette volonté d'originalité à tout prix est à l'origine de courants artistiques extrêmement diversifiés tels que l'art nouveau, le fauvisme, le cubisme, l'expressionnisme, l'abstraction, le dadaïsme, le surréalisme, etc. À travers le concept d'art moderne, l'influence d'Édouard Manet se fait donc sentir jusqu'à la Seconde Guerre mondiale.

EN RÉSUMÉ

- L'académisme cloisonne la production artistique du XIXe siècle dans un canevas thématique et stylistique jusqu'à l'arrivée de Gustave Courbet et d'Édouard Manet.
- L'anticonformisme de ce dernier joue un rôle essentiel dans son œuvre qui marque une nette rupture avec l'art académique. Il crée ainsi le scandale à plusieurs reprises.
- Les nombreuses rencontres avec des écrivains et d'autres peintres favorisent la carrière de Manet, qui est également soutenu par des personnalités du monde des lettres et des arts telles que Charles Baudelaire et Émile Zola.
- L'artiste aborde principalement des thèmes relatifs à la vie quotidienne de la bourgeoisie. Ceux-ci dérangent le monde artistique en raison de l'absence de références historiques, mythologiques ou bibliques. Le public de l'époque ne comprend pas ce vide dans des œuvres qui en deviennent choquantes et insolentes.
- Suivant les traces de Gustave Courbet, Édouard Manet ouvre les portes à une alternative au Salon, qui perd bientôt son exclusivité au profit de petites expositions officieuses. Ces événements marginaux trouvent une place prépondérante dans le mouvement impressionniste.
- Avec *Le Déjeuner sur l'herbe* (1863) et *Olympia* (1863), Édouard Manet ouvre la voie au modernisme, préfigurant l'évolution artistique des décennies suivantes par sa rupture avec l'académisme. L'art devient une source de réflexion et d'originalité en constant renouvellement.

POUR ALLER PLUS LOIN

SOURCES BIBLIOGRAPHIQUES

* ALLARD (Sébastien), *L'Art français. Le XIXe siècle*, Paris, Flammarion, 2009.
* CACHIN (Françoise), *Manet. « J'ai fait ce que j'ai vu »*, Paris, Gallimard, 1994.
* DARRAGON (Éric), *Manet*, Paris, Éditions Citadelle Mazenod, 1991.
* MARTIN-FUGIER (Anne), *La Vie d'artiste au XIXe siècle*, Paris, Fayard, 2012.
* MOREAU-NELANTON (Étienne), *Manet raconté par lui-même*, Paris, Henri Laurens, 1926.
* PROUST (Antonin), *Édouard Manet, souvenirs*, Paris, L'Échoppe, 1996.
* RUBIN (James), *Manet*, Paris, Flammarion, 2011.
* WHITE (Harrison et Cynthia), *La Carrière des peintres au XIXe siècle*, Paris, Flammarion, 2009.
* YON (Jean-Claude), *Histoire culturelle de la France au XIXe siècle*, Paris, Armand Colin, 2010.
* ZOLA (Émile), *Pour Manet*, Paris, Éditions Complexe, 1989.

SOURCES ICONOGRAPHIQUES

* MANET (Édouard), *La Musique aux Tuileries*, 1862, huile sur toile, 76 x 118 cm, Londres, National Gallery. La photo reproduite est réputée libre de droits.
* MANET (Édouard), *Le Chanteur espagnol*, 1860, huile sur toile, 147,3 x 114,3 cm, New York, Metropolitan Museum of Art. La photo reproduite est réputée libre de droits.

- MANET (Édouard), *Le Déjeuner sur l'herbe* (initialement *Le Bain*), 1863, huile sur toile, 207 x 265 cm, Paris, musée d'Orsay. La photo reproduite est réputée libre de droits.
- MANET (Édouard), *Le Fifre*, 1866, huile sur toile, 161 x 97 cm, Paris, musée d'Orsay. La photo reproduite est réputée libre de droits.
- MANET (Édouard), *Olympia*, 1863, huile sur toile, 130,5 x 191 cm, Paris, musée d'Orsay. La photo reproduite est réputée libre de droits.
- MANET (Édouard), *Un bar aux Folies-Bergère*, 1881-1882, huile sur toile 96 x 130 cm, Londres, The Courtauld Institute of Art. La photo reproduite est réputée libre de droits.
- RENOIR (Auguste), *Bal au Moulin de la Galette*, 1876, huile sur toile, 131 x 175 cm, Paris, musée d'Orsay. La photo reproduite est réputée libre de droits.

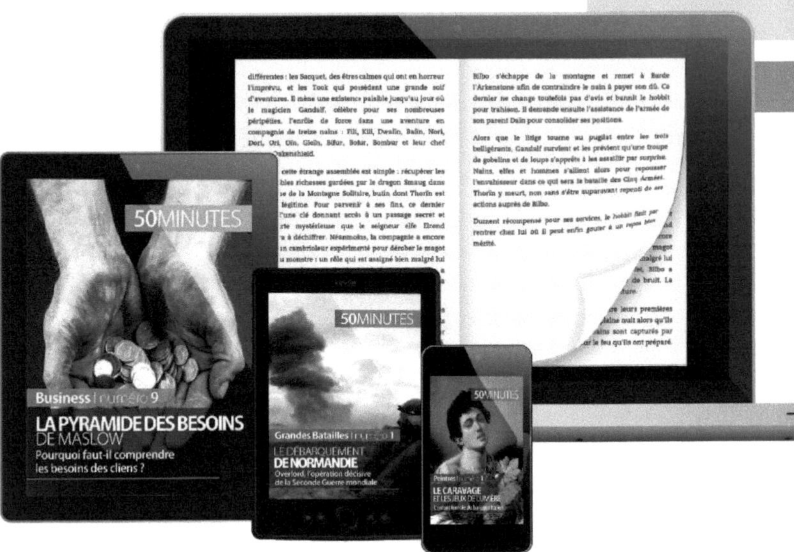

SOYEZ LÀ
OÙ ON NE VOUS ATTEND PAS !

www.50minutes.com

www.50minutes.com

Éditeur responsable : Lemaitre Publishing
Rue Lemaitre 6 | BE-5000 Namur
info@lemaitre-editions.com

ISBN ebook : 978-2-8062-5772-7
ISBN papier : 978-2-8062-5773-4
Dépôt légal : D/2014/12603/155
Photo de couverture : © *Olympia*, par Édouard Manet, 1863.

Conception numérique : Primento,
le partenaire numérique des éditeurs